Quelle
AMITIÉ !

W0408433

Titre original de l'ouvrage : *El remo*/La amistad
© Parramón Ediciones, S.A.
© Bordas, Paris, 1988 pour l'adaptation française

ISBN : 2-04-18188-1
Dépôt légal : septembre 1988

Imprimé en Espagne en août 1988
par Sirven Gràfic
Gran Via, 754 - Barcelona (Espagne)
Dépôt légal : B. 27.901-88

Toute représentation intégrale ou partielle, faite sans le consentement de l'auteur, ou ses ayants droit ou ayants cause, est illicite (loi du 11 mars 1957, alinéa 1er de l'article 40). Cette représentation ou reproduction, par quelque procédé que ce soit, constituerait une contrefaçon sanctionnée par les articles 425 et suivants du code pénal. La loi du 11 mars 1957 n'autorise, aux termes des alinéas 2 et 3 de l'article 41, que les copies ou reproductions strictement réservées à l'usage privé du copiste et non destinées à une utilisation collective d'une part et, d'autre part, que les analyses et les courtes citations dans un but d'exemple et d'illustration.

Bibliothèque des cadets

Le Temps des expériences

Quelle AMITIÉ !

Traduction: C. Díaz-Bosetti
Adaptation: E. Bosetti et S. Goulfier

Bordas

Qu’est-ce que l’amitié ?

Se comprendre, se faire confiance, s’entraider, partager des joies, des peines et des secrets : c’est ce que vivent les amis, ils s’aiment.

Il était une fois un pays lointain, au bord de la mer, où les petites filles portaient une boucle d'oreille en forme de rame.
Selon une vieille légende, les enfants de la tribu savaient ramer dès leur naissance ; on pouvait voir des vagues bleues déferler dans leur regard.
C'est là qu'Uruk naquit, et deux ans plus tard son amie Isnar. Leurs mères aussi étaient amies. Un même malheur les unissait : leurs maris avaient été tous deux emportés par une tempête.

Pendant ce temps, Uruk a bien des difficultés. Il ne sait que faire de ses rames ni comment faire avancer la barque.

— Où sont mes amis ? Pourquoi me laissent-ils tout seul ?

Uruk ne comprend pas pourquoi ils restent sans bouger à dix mètres de la rive, au lieu de se précipiter pour le sauver...

Mais, au moment où la mer va l'entraîner,
Uruk s'accroche aux filets attachés aux rochers, résiste et, grâce à sa force, réussit à ne pas se laisser emporter avec sa barque.
Puis il reprend ses esprits et trouve une idée géniale ; il fait une proposition à l'un des poissons prisonniers des filets :
— Je te rends ta liberté si tu m'emmènes jusqu'à la plage...
Le poisson, heureux de retrouver sa liberté, accepte aussitôt. Uruk le libère et les voilà partis tous les deux vers la plage.
En posant les pieds sur le sable, Uruk se promet de ne jamais laisser Isnar, ni aucun de ses amis, subir cette terrible épreuve.

Il réunit, parmi ses amis, ceux qui sont sortis vainqueurs de l'épreuve du Jour de la Rame et leur expose son plan.
Dès le lendemain, ils commencent à s'entraîner à la navigation ; ils ont tous une barque et des rames.
Les anciens sont inquiets ; ils ne veulent pas que les traditions se perdent et se demandent en les voyant :
— Que peut bien manigancer Uruk ?

Isnar a huit ans, c'est son Jour de la Rame... la mer est en fête.
Les anciens laissent la petite fille près du Rocher de l'Élection. Mais autour d'elle, les barques de ses amis dirigées par Uruk forment une couronne. Les anciens mécontents grondent pour rappeler les règles de la Tradition.
— Vous devez être à dix mètres de la côte...
Les enfants répondent en chœur :
— Mais, Isnar y est, et même plus loin que ça !...
Notre Loi ne dit pas que les autres enfants n'ont pas le droit de faire du bateau ce jour-là !

Au matin de ses huit ans, chaque enfant célébrait le Jour de la Rame : il était déposé dans une petite barque avec deux rames et abandonné sur la mer.
Que ce soit un jour de calme plat ou un jour de tempête, peu importe, le Jour de la Rame ne pouvait pas être déplacé : c'est le dieu de la mer qui l'avait choisi.
Malheur à l'enfant qui célébrait son Jour de la Rame lorsque le vent rugissait et que les vagues se soulevaient comme des montagnes !

Dès sa naissance, Uruk était différent des autres ; au fond de ses yeux, pas de vagues bleues, mais de vertes collines. Jamais il ne descendait jouer sur la plage. Il n'aimait pas le bruissement de la mer, mais adorait courir dans la montagne, suivre les petits chevreuils et grimper jusqu'aux sommets, où on peut toucher la neige.

— Il faut que tu descendes sur la plage pour que le dieu de la mer te voie ; il t'accordera peut-être un bon Jour de la Rame, disait l'une de ses grand-mères.

— Si tu ne joues pas avec la mer, le dieu te tuera avec son couteau d'eau..., ajoutait l'autre.

Uruk grandissait, il était fort et aimait ses amis, surtout Isnar, les oiseaux et tous les animaux de la forêt, des montagnes et des ruisseaux...
À ceux qui essayaient de lui faire peur avec le Jour de la Rame, il disait :
— Je n'ai pas peur. Ma force ou l'intelligence de mes amis seront plus puissantes que la mer...
Uruk était devenu très fort et très courageux. Il ne craignait pas de parcourir les montagnes... Il était bien plus fort que ses camarades qui passaient leurs journées à jouer avec les coquillages sur la plage, pour que la mer ne soit pas trop sévère quand viendrait le grand jour.

Uruk a huit ans : son Jour de la Rame est arrivé et il a oublié ce que tous les enfants ont reçu comme don à la naissance : il ne sait plus ramer !
On le laisse près du Rocher de l'Élection, et tout le monde attend sur la plage. La mère d'Uruk, Isnar et ses autres amis, sont très inquiets. Uruk arrivera-t-il jusqu'à la côte ? Les vagues l'emporteront-elles ?
Les chefs de la tribu et une foule de curieux attendent aussi en commentant la scène :
— Cet enfant n'a pas de vagues bleues dans les yeux mais de vertes prairies...
— Uruk est très rebelle. S'il survit, il sera différent de nous et changera nos coutumes...
Isnar est malheureuse en entendant toutes ces choses : on veut du mal à Uruk !

Aidée par tous ses amis, Isnar réussit à gagner la côte sans encombre.
Depuis, le Jour de la Rame est devenu la fête de l'Amitié : le jour de ses huit ans, ce sont ses propres amis qui remettent à l'enfant devenu grand les rames qui lui permettront de naviguer avec eux.

POUR LES PARENTS
ET LES ÉDUCATEURS

L'amitié

L'amitié est sans conteste l'une des valeurs les plus enrichissantes de la vie de l'homme. A l'origine, elle consiste en une relation affective fondée sur la connaissance mutuelle et la coincidence d'intérêts et de goûts de deux personnes. Elle fait partie des valeurs personnelles les plus appréciées car elle favorise la communication et stimule la convivialité.

L'amitié

Relation affective fondée sur la connaissance et la reconnaissance mutuelles, la coïncidence d'intérêts et de goûts, l'amitié est une valeur personnelle particulièrement appréciée, elle favorise la communication et permet un réseau relationnel riche et diversifié.

En effet, des sentiments de sympathie peuvent être tout à fait passagers et superficiels, mais lorsqu'ils sont nourris par des échanges de plus en plus riches, avec un engagement affectif de part et d'autre, ils font place aux sentiments complexes et profonds qui caractérisent l'amitié.

Les êtres humains étant des êtres de communication, leur milieu naturel favorise la naissance et l'épanouissement de l'amitié. Ce peut être à l'école, dans le quartier, sur des lieux de travail et de loisirs, lieux de rencontres fréquentes où tous les participants ont quelque chose en commun. Mais l'amitié peut aussi apparaître spontanément lors de rencontres occasionnelles, autour d'un projet commun limité dans le temps... Elle peut encore surgir de façon plus inattendue, lors de circonstances exceptionnelles révélant brutalement certaines personnalités (situations d'enfermement...).

L'amitié entre les enfants

Nous avons tous été frappés en observant de jeunes enfants par la facilité avec laquelle ils peuvent établir une relation de jeu spontanément avec un enfant inconnu auparavant. Un voyage en train, une attente prolongée dans le cabinet d'un médecin, sont autant de lieux où naissent des amitiés fugitives, mais peut-on parler d'amitié ?

En effet, contrairement à l'adulte qui choisit l'ami en fonction de critères ayant à ses yeux la plus grande valeur, sans lesquels il ne peut être « aimable », l'enfant, lorsqu'il est petit, établit une relation avec celui qui se trouve là, disponible à cet instant pour partager ses jeux. Construire, détruire, l'association dure aussi longtemps que la tâche l'exige.

C'est par l'expérience de la vie, des activités en groupe, et surtout à l'école, dans les jeux collectifs, que l'enfant va peu à peu découvrir autrui comme distinct, sinon comme différent de lui, et établir ses choix. Les autres enfants pourront alors être considérés comme des partenaires ayant leurs droits propres, il peut les admirer, les craindre ou rivaliser avec eux. Il les aime ou les déteste.

L'univers social s'élargit peu à peu, l'enfant manifeste davantage ses désirs, les relations d'échange et de partage se précisent, les sentiments s'affirment.

On a parfois l'impression que les amitiés enfantines ne sont ni profondes, ni durables : en effet l'enfant est soumis à des influences diverses, il est dépendant des adultes, de son environnement et, s'il change d'amis, ou en perd, cela est sans doute dû également à des évolutions, à des découvertes qui divergent.

Les enfants connaissent donc des phénomènes d'attirance mutuelle, des sentiments d'admiration, des désirs « de faire comme », ou de « faire avec » un tel, ce qui implique dialogue et écoute de part et d'autre.

Des liens s'instaurent, parfois excluant toute relation avec un tiers rejeté d'emblée et considéré comme dangereux, tandis que l'ami est idéalisé.

Ce n'est que lorsque l'enfant peut s'identifier aux sentiments des autres, connaître et respecter leurs désirs, partager avec eux ce qu'il possède sur une base d'égalité, qu'il a réellement les moyens d'établir des relations d'amitié durable.

Les amis nouent donc des relations privilégiées mais aussi exclusives car l'amitié ne peut se passer de secrets. Les échanges, les partages, se traduisent souvent concrètement par des dons, des cadeaux, des « biens » communs.

Le propre de l'homme est d'être simultanément un être sociable et un être socialisé. Il aspire à communiquer avec ses semblables et participe à la société qui existait préalablement et qui le forme et le contrôle.

Rôle des parents et des éducateurs

Il n'est pas souhaitable que l'enfant vive isolé dans un monde d'adultes : il faut lui donner les moyens d'être en contact avec des enfants de son âge dans des conditions qui favorisent l'authenticité des échanges, lui permettent de rencontrer les autres, de les accueillir sans préjugés mais avec tolérance et respect.

Les parents et les éducateurs sont préoccupés par les fréquentations voire les engouements subits des enfants dont ils sont responsables ; ils doivent être conscients de l'influence des sentiments amicaux dans la construction de la personnalité.

Un ami attire par ce qu'il est et ce qu'il fait, par ce qu'il pense et ce qu'il ressent. L'enfant va plus ou moins imiter son ami, découvrir avec lui des intérêts nouveaux, chercher à susciter la même admiration. Cela demande une vigilance discrète de l'adulte qui doit dialoguer avec l'enfant sans essayer de violer ses secrets, encourager les amitiés qui lui paraissent positives et enrichissantes, et s'efforcer de le dissuader s'il constate des influences négatives ou destructrices. L'intervention dans ce dernier cas demande une attitude chaleureuse et compréhensive avec le souci de ne pas humilier l'enfant qui s'engage dans une relation amicale dont il ne mesure pas les aspects néfastes.

Dans l'amitié, on retrouve toute la complexité des sentiments humains : être aimé, reconnu, entendu tout en apportant l'amour, la reconnaissance et l'écoute, c'est un enrichissement et une source de stimulations... donc, parents et éducateurs doivent savoir créer les conditions favorables à l'épanouissement de l'amitié : dans un climat de confiance, ils connaîtront les amis des enfants et pourront ainsi favoriser les amitiés structurantes.

la bibliothèque des cadets
Au pays des ...

Destination: le monde !

Veux-tu devenir explorateur et partir à la découverte de contrées lointaines et de civilisations différentes ? Chacun des livres remarquablement illustrés de la collection "Au pays des..." te conduira dans un pays nouveau dont tu découvriras le milieu géographique. C'est en compagnie d'un enfant de ce pays que tu feras connaissance avec le mode de vie, les coutumes, les croyances et l'histoire de ceux qui l'habitent.

A PARTIR DE 8 ANS

235/4
js 31/01/89